PREPARANDO A LOS NIÑOS PARA EL RITO DE LA RECONCILIACION

La Primera Penitencia

Primera Lección

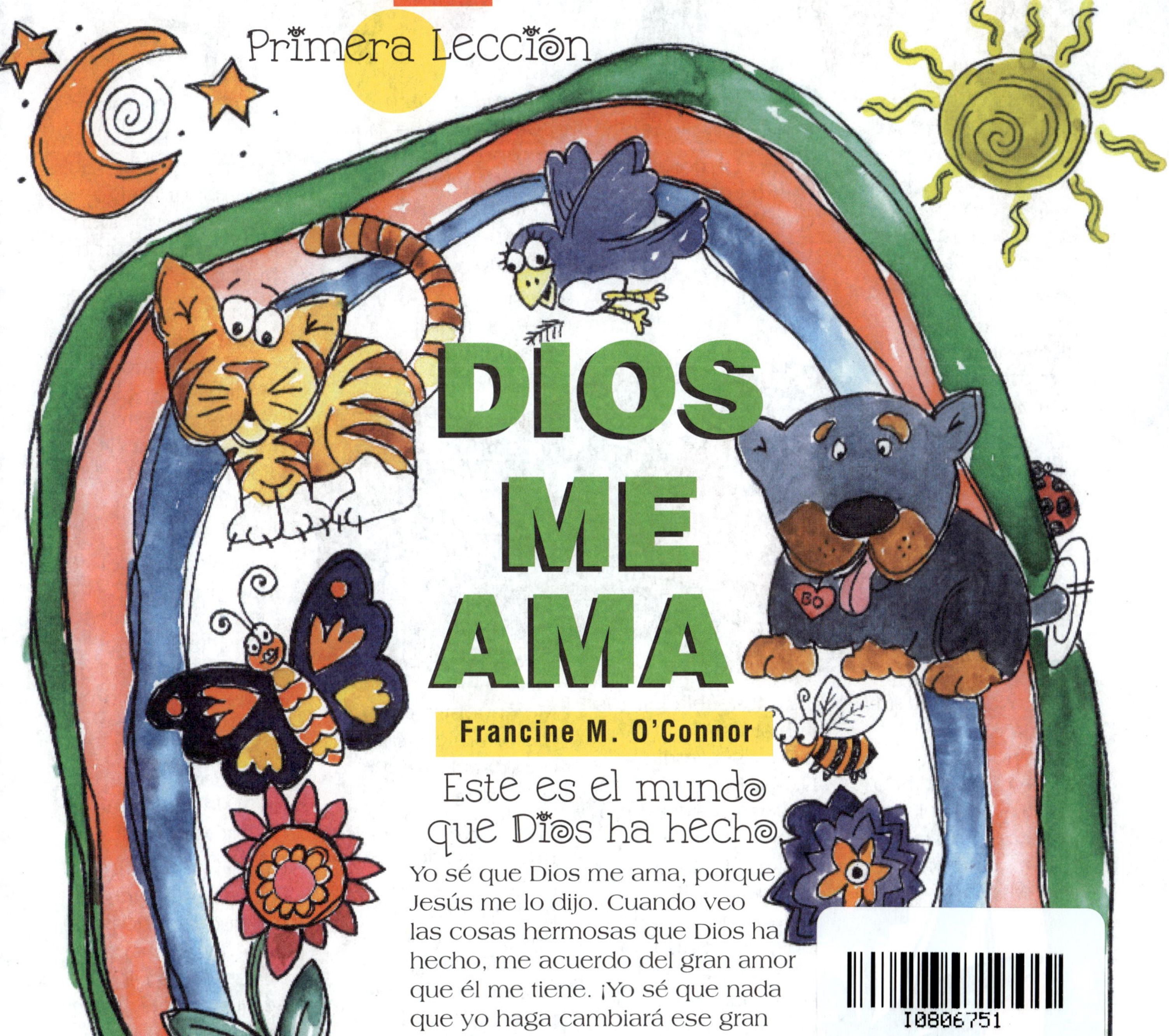

DIOS ME AMA

Francine M. O'Connor

Este es el mundo que Dios ha hecho

Yo sé que Dios me ama, porque Jesús me lo dijo. Cuando veo las cosas hermosas que Dios ha hecho, me acuerdo del gran amor que él me tiene. ¡Yo sé que nada que yo haga cambiará ese gran amor!

De los regalos que Dios nos ha dado, ¿cuántos puedes encontrar en este dibujo?

DIOS

Cuando desperté esta mañana el sol brillaba por mi ventana. Escuché un pajarito que cantaba parado en un árbol.

Parecía que el pájaro decía: "¡Levántate! ¡Levántate, perezoso!

"¡Dios ha hecho un día maravilloso para nosotros!"

Y todas estas cosas hermosas en mi mundo me hacen recordar el gran amor que Dios tiene por mí.

Bajé a la cocina. Mi mamá estaba haciendo el desayuno. Cuando acabó, puso el desayuno en la mesa. ¡Qué bien olía! Mi mamá sonrió de esa manera que sólo una madre puede. "Buenos días, mi amor", me dijo. Entonces me abrazó y me besó. Entró mi papá y, levantándome muy alto, me dijo: "Qué tengas un buen día".

Sentí el amor de mis padres y recordé que Dios es mi Padre bondadoso, que cada día me cuida.

En la escuela leímos la historia de un niño y su perrito. Después, mi profesora me ayudó con un problema de matemáticas que yo no podía comprender. Después, hubo un concurso de ortografía. Yo acabé en tercer lugar.

Yo estaba muy contento, porque Dios me había dado una mente para poder amarlo y para aprender nuevas cosas, así como una maestra para enseñarme el camino.

Después de salir de clases, fuí a jugar. Era un día muy bonito.

Me encontré con mi mejor amigo, que andaba en su nueva bicicleta.

"¿Te gustaría usar mi nueva bicicleta?" me preguntó. Yo le respondí: "Sí". Mi amigo no temía que yo le fuera a dañar su nueva bicicleta, porque él confiaba en mí. Mientras andaba en su bicicleta, dejé que él jugara con mi mejor pelota.

Recordé que Dios es el mejor amigo que existe, un buen amigo que me ama mucho.

Cada vez que voy al parque y me pongo a ver a los niños, a los árboles y a los pájaros, recuerdo de nuevo el amor de Dios por todo el mundo y por su pueblo.

Aprendo más del amor de Dios cuando voy a Misa con mi familia y escucho lo que Jesús dijo, así como las buenas cosas que él hizo por todos los hijos e hijas de Dios, que me incluye a mí.

Cuando escucho cómo Jesús vino a nuestro mundo para enseñarnos acerca del amor de Dios, sé que no puedo hacer nada que haga que Dios deje de amarme.

PREPARANDO A LOS NIÑOS PARA EL RITO DE LA RECONCILIACION

La Primera Penitencia

Segunda Lección

Un Mensaje Escondido En Las Escrituras

Francine M. O'Connor

He aquí un mensaje de la Biblia que nos dice lo que el Pueblo de Dios siempre ha sentido por él. Pon las letras en el orden correcto para saber lo que dice el mensaje.

eVnagn, cnatméosel

al ñSero; éDmosel

las Grcaisa al

suladalro; anCtmeos

ujbiloasmnete los

malsos; el ñSero es

un rgna soiD.

Salmo 95,1-3

COMO AMO

ORAR

COMPARTIR

ALABAR

E

Puedo amar a Dios de
muchas maneras.
Día tras día, aprendo nuevas
maneras de amar a mi maravilloso Dios.

Puedo amar a Dios como
se ama a un buen *Amigo*:
Puedo charlar con él en mis
oraciones, cuando estoy solo y
cuando deseo compañía.
Probablemente Dios a veces se
siente solo.
Entonces yo lo acompañaré.

Le puedo contar todos mis secretos.
Cuando algo me preocupa,
yo sé que el me ayudará.

Puedo reír y hablar con Dios
cuando todo va bien y estoy muy feliz.
Puedo compartir mi alegría con Dios.

Le puedo dar gracias por estar presente
cuando necesito hablar con él.
Puedo amar a Dios como a un buen *Amigo*.

Puedo amar a Dios como amo a
mi *Padre* celestial.
Yo sé que él me cuida y que está
pendiente de mí cada día.
Yo sé que nunca me olvida.
Puedo escuchar sus palabras
y tratar de hacer lo que manda.

Puedo aprender sus
diez mandamientos y vivir como
dictan los mandamientos.
Yo sé que cuando obedezco a Dios,
él es feliz y yo también.

Puedo ser bueno con mis
amigos y mis vecinos,
porque ellos también son hijos de
Dios.
Ellos son mis hermanos y hermanas.
Todos pertenecemos a la gran
familia de Dios.

Puedo sorprender a Dios con
oraciones de amor y ayudando a
otra gente.
Puedo amar a Dios porque él es un
Padre cariñoso.

¡Puedo amar a Dios porque él es el
Creador del mundo!
Puedo ver alrededor del mundo
y ver lo inmenso y maravilloso
que es Dios.
Voy a Misa y escucho las
historias de Jesús.

Puedo creer cuando el sacerdote dice:
"Esto es mi Cuerpo y ésta es mi
Sangre", que Dios verdaderamente es
poderoso y
que hasta puede vencer a la muerte.

PREPARANDO A LOS NIÑOS PARA EL RITO DE LA RECONCILIACION

La Primera Penitencia

Tercera Lección

AMENSE LOS UNOS A LOS OTROS

Jesús nos ama mucho. Jesús dijo: "Amense uno al otro como yo los he amado". Descifra las palabras para que sepas cómo puedes amar a tu semejante como Jesús te ama.

Francine M. O'Connor

BAHLA ED SIOD A TRSOO

AD IMCDAO A SLO BPEROS

TSIAIV A SLO FMOERNES

ARO

PRAOEND

AMA COMO

Ustedes pueden aprender a am

Cuando Jesús era niño, obedeció a María y a José. Cuando Jesús creció, hizo lo que su Padre le ordenó. Jesús sufrió y murió por nosotros. Jesús le dijo a Dios: "Haré como tú mandes"

Puedes amar como Jesús ama.

Puedes escuchar a tus padres y hacer lo que te piden. Recuerda cuánto te aman, y ámalos de igual manera. Cuando tus padres te pidan que hagas algo difícil, recuerda lo que Jesús le dijo a su Padre, y haz lo que tus padres mandan.

Cuando la gente estaba enferma, Jesús los curó.

Puedes amar como Jesús ama.

Puedes visitar a un enfermo o alegrarlo mandándole una tarjeta o una carta.

Cuando la gente tenía hambre, Jesús multiplicó el pan y los pescados para que hubiera para todos.

Puedes amar como Jesús ama.

Puedes dar comida o ropa a la gente que ayuda a los pobres. Puedes compartir tus juguetes con tus amigos.

PALABRA

EN ESTE CUADRO MA
ESCONDIDAS QUE TE
QUE AMES. TRATA

Q	V	Z
C	O	M
A	X	K
Y	T	W
U	R	E
D	L	F
A	B	I
R	A	M

LISTA DE

COMPARTE · AYUD
SONR

PREPARANDO A LOS NIÑOS PARA EL RITO DE LA RECONCILIACION

La Primera Penitencia

Cuarta Lección

Los Mandamientos de Dios

Francine M. O'Connor

1. No honrarás a otro Dios más que a mí.
(Pon a Dios primero en todo lo que hagas)

2. No usarás el nombre del Señor tu Dios en vano.
(El nombre de Dios es oración. Siempre dilo con amor)

3. Acuérdate de santificar los domingos y días de fiesta.
(Celebra con Jesús la Misa cada semana)

4. Honrarás a tu padre y a tu madre.
(Obedece y ayuda a tus padres)

5. No matarás.
(Sé siempre bondadoso con otras personas)

6. No fornicarás.
(Sé fiel a tu familia y a tus amigos)

7. No robarás.
(Cuida las cosas que pertenecen a otras personas)

8. No levantarás falso testimonio.
(Dí cosas buenas de tu prójimo)

9. No desearás la mujer de tu prójimo.
(No seas celoso de otras amistades)

10. No codiciarás los bienes ajenos.
(No seas celoso de lo que otros tienen)

Dios quiere que siempre estemos cerca de él. Pero necesitamos saber cómo lograr esto, y por esa razón nos dio los diez mandamientos.

Jesús los resumió en dos.

Amarás al Señor tu Dios con todo el corazón, con toda tu alma y con toda tu mente.

Amarás a tu prójimo como a ti mismo.

SE TRATA

Graciela estaba muy preocupada.
Amaba a Dios con toda su alma.
Pero a veces pasaban cosas
que ella no podía evitar. Una vez rompió el
juguete de su hermano cuando estaba jugando con
él. Y cuanto estaba pintando un cuadro para su
papá, tiró pintura en la alfombra de la sala.
Graciela pensó que Dios la dejaría de amar,
ya que había pecado. Pero ¡que equivocada estaba
Graciela! Fue un accidente cuando rompió
el juguete. Fue un error cuando pintó en la sala.
Los accidentes y los errores no son pecados.
No puedes cometer un pecado por accidente.
No puedes cometer un pecado por error.
Siempre puedes escoger: *¡Amar o no amar!*
¡Pecas cuando escoges no amar!
Las leyes de Dios te enseñan como debes amar.

Piensa en Dios cada día.
Recuerda que debes rezar.
Obedece el primer
mandamiento.

El Nombre de Dios es un
nombre sagrado.
Da las gracias en su Nombre
por todo su amor.
Obedece el segundo
mandamiento.

Acompaña a Jesús en la
santa Misa.
Que el domingo sea un día
especial dedicado
solamente a Dios.
Obedece el tercer
mandamiento.

Sé un niño bondadoso y
atento en tu hogar.
Ama a tus padres con todo
tu corazón.
Obedece el cuarto
mandamiento.

Nunca ofendas a nadie
con intención.
Trata a tus amigos y vecinos
con bondad.
Obedece el quinto
mandamiento.

Recuerda que tu familia
es sagrada.
Sé cariñoso y bondadoso
con los demás.
Obedece el sexto
mandamiento.

Cuida las cosas que son de
otros.
Siempre regresa los juguetes
que te han prestado.
Obedece el séptimo
mandamiento.

Nunca digas mentiras acerca
de otros.
Siempre di cosas buenas y la
verdad.
Obedece el octavo
mandamiento.

No envidies otras amistades.
Cada persona tiene dones
diferentes.
Obedece el noveno
mandamiento.

No envidies lo que otros
tienen.
Sé feliz con lo que Dios te ha
dado.
Obedece el décimo
mandamiento.

Eres un hijo muy especial de
Dios.
NADA puede hacer que él
deje de amarte —
ni los accidentes,
ni los errores,
ni siquiera los pecados.
¡Nunca olvides los
mandamientos de
amor de Dios!

PREPARANDO A LOS NIÑOS PARA EL RITO DE LA RECONCILIACION

La Primera Penitencia

Francine M. O'Connor

Quinta Lección

Jesús Perdona a un Pecador

EN AQUEL TIEMPO HABÍA UN HOMBRE de estatura baja que un día se subió a un árbol para ver a Jesús, que estaba en medio de una multitud de gente. El hombre se llamaba Zaqueo. Zaqueo no siempre había sido un buen hombre. Zaqueo se había hecho rico robando a la gente. Jesús dijo: "Ven, baja de ese árbol. Hoy voy a ir a tu casa". La gente se sorprendió. Jesús perdonó a Zaqueo, quien quería ser una persona mejor por amor a Jesús. Zaqueo devolvió todo el dinero que había robado. A la gente le dio mucho gusto recuperar su dinero. Esta historia tiene un final muy feliz para todos: Jesús perdonó a Zaqueo y Zaqueo estaba preparado para empezar una nueva vida.

¿Como Perdonas?

La historia de Zaqueo tiene un final feliz. Jesús sabía un secreto muy importante: Las historias del perdón siempre tienen un final feliz y marcan un nuevo comienzo. Tú y tu mejor amigo o amiga acaban de tener una riña. Tu amigo no te habla. Piensa qué mal te sientes.

Ahora, piensa qué bien te sientes cuando le llamas y dices: "Perdóname", y tu amigo o amiga dice: "Perdóname tú también". Los dos son buenos amigos otra vez. De nuevo tu historia tiene un final feliz y marca un nuevo comienzo.

Has hecho algo malo. Tu mamá está muy enojada contigo. Piensa qué triste te sientes. Ahora piensa qué bien te sientes cuando tu mamá se te acerca sonriendo o cuando te abraza. Sin que ella diga nada, sabes que has sido perdonado. Tú quieres hacer algo que le agrade. Tú quieres hacer la paz con ella. Tu historia tiene un final feliz y marca un nuevo comienzo.

Hay muchas maneras de perdonar. Cada manera resulta en un final feliz y marca un nuevo comienzo. Cuando tú perdonas o cuando alguien te perdona, los dos de ustedes tienen la oportunidad de empezar de nuevo. Las amistades parecen nuevas, los miembros de la familia se vuelven a querer y la tristeza se convierte en felicidad. Cuando perdonas a alguien o alguien te perdona a ti, te pareces a Zaqueo. Te vuelves una persona más feliz.

Colorea cada espacio que tiene un punto para descubrir la palabra secreta.

PREPARANDO A LOS NIÑOS PARA EL RITO DE LA RECONCILIACION

La Primera Penitencia

Francine M. O'Connor

Sexta Lección

DE REGRESO A CASA

¿Has pasado alguna noche afuera de tu casa? ¿Puedes recordar cómo te sentiste cuando regresaste? Jesús te tiene una sorpresa de "Bienvenida" esta semana en el cuento de un niño que se fue de su hogar.

Una Historia del Amor de Jesús

Has pensado alguna vez: "¿Me ama Dios cuando hago algo malo?" Jesús contó una historia del amor que Dios nos tiene. Es una historia de amor que nunca cambia.

Había una vez un hombre con dos hijos. El hijo más joven no era feliz trabajando en el rancho de su padre. "Deseo ver el mundo", pensó él. "No quiero pasar toda mi vida aquí". El hijo le pidió a su padre la mitad del dinero de la familia. Después, el hijo recogió sus cosas y se fue.

Pasó un buen tiempo malgastando su dinero. El tenía muchas amistades que le ayudaron. Pero cuando se acabó el dinero, las amistades desaparecieron. Estaba muy solo. Vagaba de pueblo en pueblo. Mendigaba para comer.

Dormía en la calle aun cuando hacía frío y llovía. Recordó el rancho de su padre, el calor de la chimenea y el amor de su padre. Decidió regresar a su casa. "Le diré a mi padre que lo siento mucho", dijo él. "Si me recibe, trabajaré duro para él". El padre, al ver a su hijo que venía por la vereda, corrió hacía él y lo abrazó y lo colmó de besos. "Padre, he pecado contra Dios y contra ti", dijo. "No merezco ser tu hijo". Pero el padre estaba tan feliz de verlo otra vez que le dijo a sus criados: "Celebremos, porque mi hijo ha regresado".

Esta historia es en realidad sobre de Dios. Dios es un Padre cariñoso. Dios no deja de amarte cuando pecas contra él. El espera que regreses a casa y que pidas disculpas. El te recibe en el seno de su familia y te da una nueva oportunidad.

Te estás preparando para recibir el sacramento de la Reconciliación. Este es el momento de "regresar" a la casa de Dios. Es tiempo de reconciliación, tiempo para volver a empezar. Dios te ama tanto, que no importa si te vas muy lejos, porque él siempre estará listo para darte la bienvenida.

¡BIEN

¿Puedes encont

PREPARANDO A LOS NIÑOS PARA EL RITO DE LA RECONCILIACIÓN

La Primera Penitencia

Francine M. O'Connor

Séptima Lección

LA FAMILIA TRABAJA JUNTA

Cuando una familia trabaja junta,
se puede hacer más y todos
se alegran y enorgullecen.

Cuando alguien en la familia no es cariñoso y bueno con los demás, no se puede hacer nada y todos se entristecen.

Tú eres Familia

Tú perteneces a una familia. De tu familia aprendes a amar, a cuidar a otros y a perdonar. Haces cosas en compañía de otros. Ayudas con los quehaceres, para tener un hogar bonito. Celebran juntos los días especiales.

Todos en tu familia ocupan un puesto muy importante. Todos en la familia son necesarios para que la familia esté completa. Cuando cada persona de la familia coopera y es buena y cariñosa, toda la familia está feliz.

Pero, ¿qué pasa cuando alguien no es cariñoso o no sabe perdonar? La familia entera sufre. ¿Sabes las palabras claves que te pueden hacer feliz otra vez? Esas palabras claves son "perdóname" y "te perdono".

Cualquier familia cariñosa conoce estas palabras fabulosas.

Tú también perteneces a la familia de Dios. Te hiciste miembro de la familia de Dios el día que fuiste bautizado. Se hacen muchas cosas importantes con otros miembros de la familia de Dios. Alaban juntos en la Misa. Escuchan la Palabra de Dios. Celebran días importantes juntos.

En la familia de Dios se aprende a amar, a cuidar y a perdonar. Jesús dijo: "En verdad les digo que, cuando lo hicieron con alguno de estos más pequeños, que son mis hermanos, lo hicieron conmigo" (Mt 25,40).

Cuando ayudas a otros, es como ayudar a Jesús. Y la familia de Dios está feliz y se siente orgullosa.

Jesús también dijo:"En verdad les digo que siempre que no lo hicieron con alguno de estos más pequeños, que son mis hermanos, conmigo no lo hicieron" (Mt 25,45). Por lo tanto, cuando te niegas a ayudar a otros, es como si le negaras ayuda a Jesús. Y la familia de Dios se siente muy triste.

Pero podemos decir de nuevo las palabras claves que decimos en el sacramento de la reconciliación: "Perdóname", y Jesús dice: "Yo te perdono". Y la familia de Dios está feliz de nuevo.

PREPARANDO A LOS NIÑOS PARA EL RITO DE LA RECONCILIACION

La Primera Penitencia

Francine M. O'Connor

Octava Lección

UN NUEVO COMIENZO

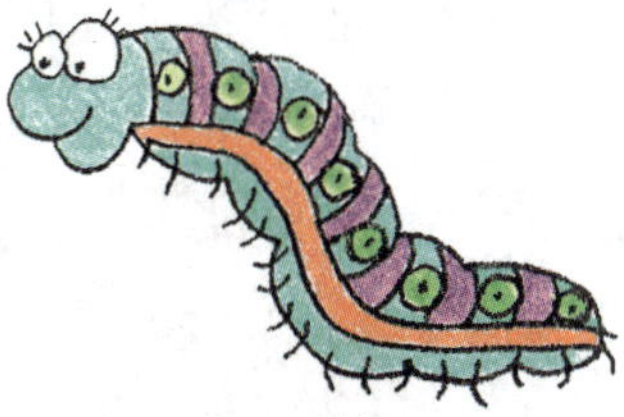

No siempre hago lo que es correcto. No siempre sigo las leyes del amor de Dios. Me pesan mucho las veces que no he seguido los pasos de Jesús. Jesús murió en la cruz por mis pecados, porque él me ama y me perdona. El sacramento de la reconciliación es mi oportunidad para empezar de nuevo y convertirme en la mejor persona que yo pueda ser.

Esta es una oración que diré cada noche para decirle a Dios que me arrepiento.

ACTO DE CONTRICION

Oh Dios mío, te amo sobre
todas las cosas.
Sinceramente me arrepiento
de todos mis pecados
y te doy las gracias por perdonarme.
Ayúdame a mantenerme cerca de ti
y que yo siempre recuerde
tus maravillosas leyes de amor. Amén

CELEBREN

COMO PUEDES RECIBIR EL SACRAMENTO DE LA RECONCILIACION

Te puedes confesar de dos maneras: Arrodillándote y con una cortina entre el sacerdote y tú o sentándote en una silla y hablando con él cara a cara. La decisión es completamente tuya. Para celebrar este sacramento, los pasos a seguir son los mismos si escoges hablar cara a cara con el sacerdote que si prefieres hacerlo con una cortina por medio.

SIETE PASOS HACIA LA RECONCILIACION

Aquí tienes siete pasos fáciles para confesarle tus pecados a Jesús en el sacramento de la reconciliación.

1. El sacerdote te saludará cuando entres al cuarto de la reconciliación. Juntos harán la *Señal de la Cruz*.

2. El sacerdote te leerá una historia de la *Biblia* que demuestra cuánto ama Jesús a sus amigos.

3. Menciónale tus pecados al sacerdote. Esto se llama tu *confesión*. Puedes habar con el sacerdote sobre cualquier problema que te mortifica o que no comprendes.

EL PERDON

Ya viene un día de felicidad. Es tu día para recibir el sacramento de la reconciliación.

Este es el día en que le dirás a Jesús estas maravillosas palabras: "¡Me arrepiento!" Jesús te hablará por medio de un sacerdote y te dirá estas maravillosas palabras: "¡Te perdono y te amo!"

Este es tu día para empezar de nuevo, tu día para cumplir la promesa: "Haré todo lo posible para no pecar otra vez". ¡Qué día tan feliz para Dios! ¡Qué día tan feliz para ti! ¡Qué día tan feliz para la familia de Dios!

4. El sacerdote te pedirá que le demuestres a Jesús cuánto lo amas haciendo algo especial. Esto es tu *penitencia*.

5. Rezarás una oración a Jesús diciéndole que sientes mucho haberlo ofendido. A esta oración se le llama un *Acto de Contrición*.

6. El sacerdote rezará por ti para que seas perdonado. A esto se le llama *absolución*.

7. Tú y el sacerdote le dan las *gracias* a Jesús por el maravilloso regalo del perdón.

Página de ACTIVIDADES

Para el maestro
UN EXAMEN DE CONCIENCIA

Basado en los diez mandamientos y en los dos grandes mandamientos de Jesús.

Establezca un ambiente calmado en la clase, para que se lleve a cabo el examen de consciencia. Encienda una vela como señal de la presencia de Cristo. Si quiere, ponga música instrumental a bajo volumen.

Explíqueles a los niños que esto les ayudará a recibir el sacramento de la reconciliación. Comience con una oración o una lectura de la Biblia. Cuando los niños se pongan tranquilos, prosiga con el examen. Haga una breve pausa después de cada pregunta, para que los niños reflexionen.

- ¿Amo a Dios como hijo de él?
- ¿Me acuerdo de rezarle todos los días?
- ¿Le doy las gracias por todo lo que hace por mí?
- ¿Menciono el nombre de Dios con amor?
- ¿Demuestro mi amor por Dios amando a mi prójimo?
- ¿Voy a Misa los domingos como es debido?
- ¿Escucho la Palabra de Dios atentamente?
- ¿Me porto bien en la casa de Dios?
- ¿Les hablo con respeto a mis padres?
- ¿Hago lo que mis padres ordenan?
- ¿Ayudo en la casa?
- ¿Trato de ser amable mientras hago mis quehaceres y obedezco a mis padres?
- ¿Demuestro mi amor por otros obedeciendo la reglas en la escuela y en lugares públicos?
- ¿Trato a otros con amor y bondad?
- ¿Lastimo a otros poniéndoles apodos?
- ¿Me peleo con otros?
- ¿Digo siempre la verdad?
- ¿Cumplo las promesas que hago?
- ¿Hago trampa en los exámenes o en las tareas de escuela?
- ¿Tomo cosas que no me pertenecen?
- ¿Me niego a compartir mis cosas con otros?
- ¿Trato con respeto lo que pertenece a otro?

Para los padres

Los niños han aprendido a hacer un examen de conciencia completo en preparación para el sacramento de la reconciliación. Este es un paso grandísimo en la vida de sus hijos. Esta semana, que toda la familia trabaje en conjunto y componga una oración especial para la familia y para la celebración del maravilloso perdón de Dios.

Empiecen con un canto de alegría y amor a Jesús. Que el líder repase una de las historias de la Biblia. Las historias del hijo pródigo, de Zaqueo y de la oveja perdida son buenos ejemplos (Lc 15,11-24; 19,1-10; 15,4-7).

Compongan una letanía en agradecimoento por los pasados perdones de Dios. Por ejemplo: "Por la veces que hemos sido egoístas", (respondan) "Señor Jesús, gracias por tu amor que nos perdona". Concluyan diciendo juntos el Acto de Contrición.

Lea más sobre estos temas en el Catecismo de la Iglesia Católica:

- Núm. 1423-1424 — los significados del sacrameto de la penitencia
- Núm. 1451-1453 — la contrición
- Núm. 1454 — exámen de conciencia
- Núm. 1468-1469 — los efectos de este sacramento

Ilustraciones y diseño: Christine Kraus

A la familia de Dios también se le llama el Cuerpo de Cristo. La familia de Dios es como un cuerpo, y Jesús es la cabeza. Así como partes de tu cuerpo pueden hacer cosas útiles, cada miembro de la familia de Dios puede hacer cosas buenas. Fíjate en la forma que obedeces los mandamientos de Dios con las siguientes partes de tu cuerpo.

MANOS

Con las manos yo puedo ______________________________

______________________________.

PIERNAS

Con las piernas yo puedo ______________________________

______________________________.

BOCA

Con la boca yo puedo ______________________________

______________________________.

OIDOS

Con los oídos yo puedo ______________________________

______________________________.

OJOS

Con los ojos yo puedo ______________________________

______________________________.

Página de ACTIVIDADES

Para el maestro

Aunque los niños de esta edad no pueden comprender totalmente lo que significa el Cuerpo de Cristo, se trata más bien de que ellos comprendan que el pecado lastima a todos. La reconciliación los une a Dios y también a toda la Iglesia. La siguiente lección puede ayudar a los niños a comprender este mensaje con más facilidad.

EL PROYECTO DE SERVIR O PECAR

1. Para empezar, que los niños cuenten de alguna vez que se lastimaron alguna parte del cuerpo. Ayude a los niños a comprender que una parte lastimada causa dolor en todo el cuerpo. Pida que le digan a la clase qué bien se sintieron cuando se aliviaron.
2. Construya un cartelón grande y dibuje un cuerpo. No dibuje la cara.
3. Pídales que sugieran maneras en que las partes del cuerpo pueden servirle a Dios y a otros. Escriba el servicio hecho en su respectivo lugar del cuerpo con un plumón o un lapíz de color.
4. Pídales que indiquen cómo es que diferentes partes del cuerpo pueden ofender a Dios y a otros con el pecado. Dé vuelta al cuerpo y apunte estos pecados en sus respectivas partes.
5. Demuéstreles el lado del "pecado". Luego, pinte una cara triste y escriba la palabra "pecado" con letra grande en el cuerpo. Pregúnteles si saben cómo borrar el pecado. Dígales que todos sus pecados son borrados cuando se confiesan y reciben el sacramento de la reconciliación.
6. En el otro lado del cuerpo dibuje una cara sonriente, y escriba la palabra "servir" con letra grande.

Para los padres

El mejor salón de clase para aprender la lección de esta semana es el hogar. Cuando se acerque el momento de recibir el sacramento de la reconciliación, los niños deben aprender la manera en que sus pecados afectan a otros y a ellos mismos. Su hijo o hija va a entender mejor tanto el dolor causado por haber ofendido a la familia como la alegría de la reconciliación.

Pueden recalcar esto esta semana con una caja de "reconciliación". En una caja pequeña escriban: "¡Estamos reconciliados!" Cada miembro de la familia debe escribir en pedacitos de papel disculpas por cosas que han hecho y que han perturbado la unidad de la familia ("Siento no haber ayudado a lavar los platos anoche"; o "Siento haberme enojado con Ricardo el lunes"; o "Siento haber estado demasiado ocupada para escuchar los problemas de Luisa"). Estos papeles serán puestos en la caja durante la semana.

Al fin de la semana, después de una oración pidiendo perdón y amor en la familia, saquen los papeles de la caja y léanlos en voz alta. Después de leer cada uno, la persona ofendida debe decir: "Yo te perdono". Terminen la semana con una celebración de unidad, preferiblemente algo que todos hayan planeado juntos — una comida especial, una fiesta con pastel y chocolate caliente, un juego para toda la familia o con canciones.

Lea más sobre estos temas en el *Catecismo de la Iglesia Católica*:

- Núm. 1333 — los signos del pan y del vino
- Núm. 1396 — la unidad del Cuerpo místico
- Núm. 1655-1658 — la iglesia doméstica
- Núm. 2206 — la familia cristiana
- Núm. 2215 — deberes de los hijos

Ilustraciones y diseño: Christine Kraus

VENIDO A CASA!

l camino en este laberinto que va a Dios? Ten cuidado de no perderte.

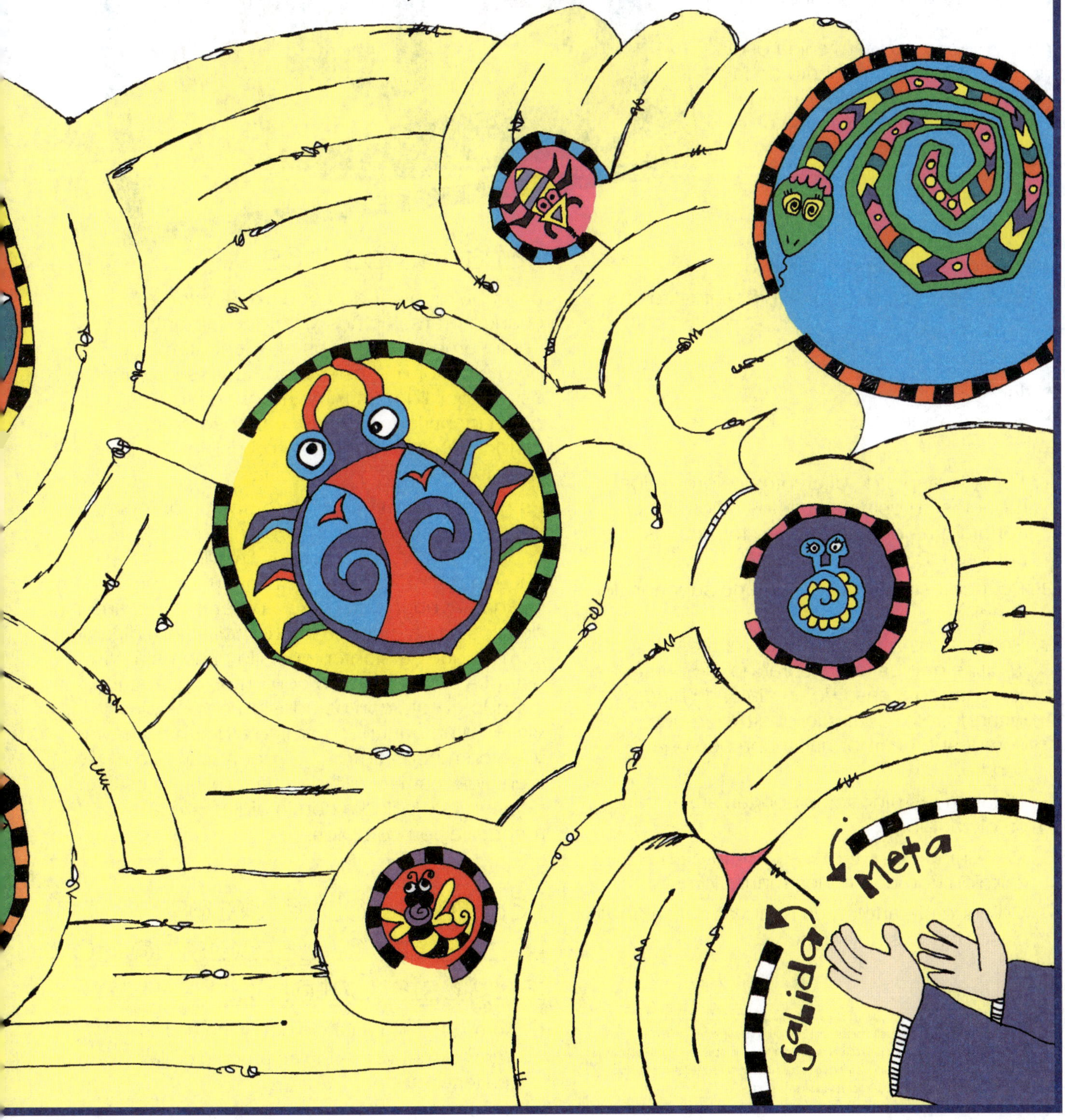

Página de ACTIVIDADES

Para el maestro

Esta semana la clase puede comenzar a hacer un cartelón para celebrar su bienvenida el día que reciban el sacramento de la penitencia. Si es posible, usen el cartel que diga "Bienvenido a Casa" como parte de la celebración de la primera Reconciliación.

Se necesita:

- Un pliego grande de cartulina
- Papel de construcción de diferentes colores
- Pegamento
- Tijeras
- Marcadores
- Revistas viejas

1. Usando papel de diferentes colores y los modelos en esta página, los niños deben cortar letras de manera que formen las palabras "Bienvenido a Casa".
2. Peguen estas letras en la parte superior del cartelón.
3. Ponga a los niños a buscar retratos de familias que estén celebrando, de personas regresando a casa de un viaje, de niños jugando, etc. Cualquier ilustracíon que demuestre el amor hacia una persona servirá.
4. Dígale a los niños que pongan sus retratos en el cartelón.
5. Cada niño debe firmar su nombre en el cartelón con uno de los marcadores.
6. Coloque el cartelón en un lugar del salón de clase donde sea fácil de ver.

Para los padres

Probablemente todos podemos recordar cuando éramos niños y no queríamos confesarnos. Sentíamos el arrepentimiento, pero el amor que es parte de este sacramento estaba perdido. Es muy importante que su hijo o hija identifique al padre cariñoso en la historia del "Hijo pródigo" con el Dios Padre que nos perdona y reconcilia.

Es en este momento en la preparación del sacramento que su hijo debe aprender a esperar con ansias y no con miedo su encuentro con el amor de Dios. Para que puedan ayudar a su hijo a comprender el amor de Dios y la alegría de la reconciliación, díganle lo triste que se sienten cuando él no está con ustedes en la casa y lo contentos que están cuando él está con ustedes. Si es posible, visiten a un pariente o amigo a quien no hayan visto en mucho tiempo. Ayuden a su hijo a identificar esta felicidad de la familia en esta ocasión que celebra con la alegría de la reconciliación con Dios.

Lea más sobre estos temas en el Catecismo de la Iglesia Católica:

- Núm. 545 — El anuncio del Reino de Dios
- Núm. 1423-1424 — El sacramento de la penitencia
- Núm. 1439 — El proceso de conversión de la penitencia
- Núm. 1700 — La dignidad de la persona humana

Arte y diseño: Christine Kraus

Jesús Quiere que tu Perdones

¿Sabes rezar el Padre Nuestro? En esta oración especial que nos dio Jesús, él nos dice algo de la misericordia. ¿Conoces la parte de la oración que nos habla del perdón? Escríbelas en las líneas proporcionadas.

Cuando rezas estas palabras, tú le estás diciendo a Dios que te perdone de la misma manera que tú perdonas a otros. Escribe algunas de las distintas maneras que tú perdonas.

Página de ACTIVIDADES

Para el maestro

Zaqueo comenzó una nueva vida porque Jesús le perdonó sus pecados. El perdón siempre resulta en un nuevo comienzo. Esta semana en la clase, celebren el milagro del perdón dentro de un tiempo de oración. Para prepararse, cada niño debe escribir una nota que diga que perdona a la persona que lo ofendió en el pasado.

Celebración del perdón

Si es posible, que la clase forme un círculo. En el centro del círculo o en otro lugar de honor, ponga una vela y la Biblia. La Biblia debe estar abierta donde empieza el capítulo 19 de Lucas. Empiece la oración encendiendo la vela. Todos los niños deben tomarse de la mano y cantar una canción de perdón y amor cristiano.

Primera letanía:

Líder: Padre, a veces somos egoístas y no amamos y perdonamos como debiéramos hacerlo.

Todos: Señor, guíanos por el buen camino.

Líder: Padre, perdonamos como tú nos has perdonado.

Todos: Señor, guíanos por el buen camino.

Líder: Padre, nos deshacemos de la ira, de rencores y de opiniones.

Todos: Señor, guíanos hacia un nuevo comienzo.

Lectura

La historia de Zaqueo, Lucas 19,1-10.

El Padre Nuestro

Padre nuestro, que estás en el cielo, santificado sea tu Nombre; venga a nosotros tu Reino, hágase tu voluntad en la tierra como en el Cielo. Danos hoy nuestro pan de cada día; perdona nuestras ofensas como también nosotros perdonamos a los que nos ofenden; no nos dejes caer en tentación, y líbranos del mal. Amén.

Intercesiones:

Sugieran a los niños que lean sus notas en la clase, pero no los obliguen. Después de que se hayan leído las notas, el resto de la clase debe de decir lo siguiente:

Y perdona nuestras ofensas como también nosotros perdonamos a los que nos ofenden.

Para terminar la celebración, que todos los niños se tomen de la mano y que repitan la canción con la que comenzaron la celebración, o que canten otra canción que exprese el amor cristiano. Después, que cada uno dé la señal de la paz con un abrazo o dándose la mano, según ellos lo prefieran.

Para los padres

Esta semana los niños se están concentrando en la acción de perdonar. A veces es más difícil perdonar a alguien de la familia que a un amigo. Sus hijos aprenderán más del perdón por el ejemplo de ustedes que en una clase, pero no crean que ellos comprenden cuando ustedes perdonan. Díganlo. Y cuando ustedes ofendan a un hijo, pídanle que los perdone.

Demuéstrenles a sus hijos que perdonar o ser perdonado es razón para alegrarse. Para celebrar la reconciliación de la familia, adapten la oración de esta lección a la situación de su familia. Al acabar, celebren con una comida o con un pastel.

Lea más sobre estos temas en el Catecismo de la Iglesia Católica:

- Núm. 1441, 2839-2841 — Sólo Dios perdona el pecado
- Núm. 2712 — La oración de contemplación
- Núm. 2844-2845 — Perdona nuestras ofensas...

Arte y diseño: Christine Kraus

DE AMOR

Accidentes, Errores y Pecados

¿Conoces la diferencia entre un accidente, un error y un pecado? Mira estos dibujos. Pon una "A" grande cerca del dibujo que representa un accidente, una "E" grande cerca del dibujo que representa un error y una "P" grande cerca del dibujo que representa un pecado.

Página de ACTIVIDADES

Para el maestro

Mt 22,34-40; Ex 20,1-17; Dt 5,6-21; Mc 12,28-34; Lc 10,25-28

Es muy importante que los niños reconozcan las cosas que son pecados y las cosas que no lo son (accidentes, errores, malas costumbres y demás). Hábleles de los accidentes que ha tenido o de los errores que ha hecho. Cuéntele aquellas cosas que usted cometió y de las cuales se arrepintió, y explíqueles lo que hizo para remediarlas. Una vez que haya definido la diferencia entre accidentes y errores, dígales a los niños que contesten las preguntas al final de cada historia.

CLAUDIA ENCUENTRA UN DOLAR

Claudia y María eran buenas amigas. Un día en la escuela, Claudia se sentía muy triste. Quería comprarle un regalo de cumpleaños a su mamá, pero no tenía dinero. María también estaba triste. Su mamá le había dado un dólar para que comiera, pero lo había perdido. Cuando Claudia se puso su abrigo para irse esa tarde, vio el dólar de María en el piso. Claudia pensó que con un dólar alcanzaría para un regalo muy bonito para su mamá. María nunca se daría cuenta que Claudia había encontrado el dinero. ¿Qué es lo que debe hacer Claudia? ¿Qué harías tú? ¿Qué sería lo correcto? ¿Sería un pecado si Claudia se quedara con el dinero?

EDUARDO ANDA DE PASEO

Gerardo tenía una bicicleta nueva. Gerardo le preguntó a Eduardo si quería usarla. Eduardo se puso muy contento, ya que quería pasear en la bicicleta. Se montó en la bicicleta y dio dos vueltas alrededor de la cuadra. Cada vez que pasaba donde estaba Gerardo, se saludaban. La tercera vez alrededor de la cuadra, apareció un perrito negro que, mientras ladraba, siguió a Eduardo. Eduardo se asustó y se cayó de la bicicleta. La pintura azul de la bicicleta se cuarteó. Eduardo sintió ganas de llorar. Eduardo pensó que Gerardo no se daría cuenta del daño si no le dijera.

¿Cometió Eduardo un pecado cuando dañó la bicicleta de Gerardo? ¿Crees que Eduardo debe decirle a Gerardo que tuvo un accidente?

¿Puedes pensar en algo que Eduardo puede hacer para reparar el daño de la bicicleta?

LUCIA REPRUEBA UN EXAMEN

Lucía tiene problemas con las matemáticas. La mayor parte del tiempo no sabe las respuestas. Una tarde, la maestra le pidió a Lucía que resolviera un ejercicio en el pizarrón. Lucía tenía miedo, pero hizo la prueba. Adivina lo que pasó: ella se equivocó tal como lo había esperado. Tenía miedo de que la maestra fuera a enojarse con ella. Lucía también creyó que la clase iba a reírse de ella o que Dios iba a sentirse desilusionado. Lucía estaba avergonzada.

¿Cometió Lucía algún pecado cuando contestó mal? ¿Cómo te sentirías si fueras Lucía? ¿Cómo crees que Dios se siente por el error de Lucía?

Ilustraciones y diseño: Christine Kraus

Para los padres

Los niños están aprendiendo la diferencia entre lo que es un error, lo que es un accidente y lo que es un pecado. Ustedes pueden enfatizar este mensaje en sus hogares cada vez que sus hijos cometan un error, tengan un accidente o cometan un pecado. Lo importante es que sus niños empiecen a desarrollar una conciencia recta.

Debe haber un equilibrio entre el conocimiento de que algo es incorrecto y la sensación de culpabilidad por cada cosa que no sale bien. Una vez que sus hijos comprendan que no pueden cometer un pecado a causa de un accidente o por un error, sino que el pecado requiere una decisión, entonces se alcanzará ese equilibrio. Muchas veces no es fácil para los niños entender esto.

Para reconocer la diferencia, discutan cada tarde todos los eventos del día con sus hijos. Fíjense en las experiencias positivas y en las negativas.

Discutan cada acción con su hijo o hija. Aclaren que para que uno cometa un pecado, hay que escoger el mal una vez que se conozaca la diferencia entre el bien y el mal. Hagan resaltar la diferencia entre el pecado, los errores y los accidentes. Recalquen las acciones positivas que se han tomado.

Lea más sobre estos temas en el *Catecismo de la Iglesia Católica*:

- Núm. 1749-1754 — la moralidad de los actos humanos
- Núm. 1783-1785 — la formación de la conciencia
- Núm. 1846-1848 — la misericordia y el pecado
- Núm. 1849-1851 — definición de pecado
- Núm. 2052-2055 — los diez mandamientos

AMA JESÚS

no Jesús demostró su amor.

DE AMOR

HAY SEIS PALABRAS
COMO QUIERE JESUS
ENCONTRARLAS.

R	C	G	P
A	R	T	E
Z	I	U	R
L	E	V	D
A	R	K	O
G	N	H	N
J	O	W	A
R	S	B	Z

ALABRAS
ERDONA · AMAR
EZAR

Cuando la gente hacía algo malo, Jesús perdonaba y decía: "No pequen más".

Puedes amar como Jesús ama.

Cuando alguien te ha ofendido, puedes decir: "Te perdono". Siempre puedes ser bondadoso con otros y tratarlos como amigos.

Jesús enseñó en el Templo. Le habló a la gente del amor de Dios. Hizo feliz a la gente al recordarles que Dios los ama como un padre ama a sus hijos.

Puedes amar como Jesús ama.

Cuando tus amigos estén tristes, puedes decirles que los amas. Puedes alegrarlos de nuevo con una sorpresa.

Jesús se alejó para estar solo y rezarle a su Padre. Cada vez que él se sentaba a comer, le daba gracias a Dios por la comida. Cuando Jesús quería ayudar a otros, él oraba.

Puedes amar como Jesús ama.

Puedes acordarte de decir tus oraciones cada día y cada vez que vayas a comer. Puedes orar por los que están tristes o los que necesitan ayuda especial.

Página de ACTIVIDADES

Para el maestro

Sé un buen samaritano

Jesús contó la historia del Buen Samaritano para enseñarnos cómo debemos amarnos unos a otros. Cada uno de nosotros debe ser un "Buen Samaritano". Esta semana puede ser conocida como la semana del "Buen Samaritano". Toda la clase debe tomar parte y, conforme el mandamiento de Jesús, amarse unos a otros. Para iniciar el programa, hagan lo siguiente.

Necesitarán:

- Una hoja de papel de 8 1/2 x 11 para cada niño.
- Lápices de colores.
- Estrellas doradas.

1. Dele una hoja de papel a cada niño. Dígales que cada uno debe hacer un calendario que diga "Semana del Buen Samaritano" en la parte superior.

2. Doblen las hojas de abajo hacia arriba. Ahora doblen la hoja dos veces de lado a lado. Al desdoblarse, la hoja quedará dividida en ocho cuadros. En la parte superior de los primeros siete cuadros, los niños deben escribir los días de la semana.

3. Lea a los niños la historia del Buen Samaritano.

4. Discutan el cuento y pregúnteles en qué forma han sido buenos samaritanos en el pasado.

5. Seleccione siete actos de bondad (ayudar, compartir, perdonar y otros). Dígale a los niños que apunten cada uno de los actos en uno de los espacios en blanco para los días de la semana.

6. Los niños deben concentrarse en cumplir una tarea cada día de la semana. Dígales que cuelguen el calendario en un lugar en el hogar donde lo puedan ver todos los días. Dígales que traigan los calendarios a la clase de doctrina al fin de la semana.

7. Cada vez que hagan una acto de bondad, dígales que lo apunten en el espacio que corresponde a ese día o que pongan una carita sonriente o una estrella dorada.

8. Al final de la semana, los niños deben devolverle sus calendarios. Si los niños cumplieron con todas sus tareas, escriba "Premio Buen Samaritano" en el espacio en blanco y pegue una estrella dorada.

Para los padres

Esta es la "Semana del Buen Samaritano". Los niños llevarán a la casa calendarios del "Buen Samaritano". De ustedes depende que la tarea se cumpla cada día.

Estudien el calendario de su hijo para que sepan lo que van a tratar de hacer toda la semana. Delen a su hijo la oportunidad de hacer un acto de bondad cada día. Ustedes pueden ayudar dando buen ejemplo. Escojan un día de la semana para tener una cena del "Buen Samaritano". Dejen que su hijo ayude a preparar la cena. Inviten a cenar a un vecino o pariente, o a alguien que vive solo.

Pueden tener una noche del "Buen Samaritano" en la cual la familia escribe cartas o hace tarjetas para alguien que está enfermo o vive solo.

Asegúrense de que al final de la semana sus hijos lleven sus calendarios a la clase.

Lea más sobre estos temas en el *Catecismo de la Iglesia Católica*:

- Núm. 520 — Jesús, nuestro modelo
- Núm. 615 — la obediencia de Jesús
- Núm. 1503-1505 — Cristo, médico
- Núm. 1509 — nuestra obligación de sanar
- Núm. 2607-2615 — Jesús enseña a orar

Ilustraciones y diseño: Christine Kraus

A DIOS

CHAR

CREER

do alabar a Dios en mis oraciones.
do decirle cada día que él es un Dios
naravilloso.
puedo dar las gracias por haber creado el
nundo y las personas que me aman.

do pensar en el cielo de Dios,
de la gente vive para siempre.
do creer que algún día
también estaré en el cielo.
do amar a Dios por ser *Dios*!

¡Yo amo a Dios!

unas veces lo amo como
a un Amigo.

unas veces lo amo como
a un Padre.

Algunas veces lo amo
por ser Dios.

MI PROPIA ORACION

COMPLETA LA ORACION QUE SIGUE. CUANDO HAYAS COMPLETADO LA ORACION, PUEDES RECORTARLA Y GUARDARLA. PUEDES REZAR LA ORACION CADA VEZ QUE QUIERAS DECIRLE A DIOS QUE LO AMAS.

QUERIDO DIOS, YO TE AMO MUCHISIMO.

TE AMO COMO A UN ____________
PORQUE TU ME ESCUCHAS
CUANDO ____________________.

TE AMO COMO A UN ____________
PORQUE TU ME CUIDAS CADA DIA
Y ME CUIDAS CUANDO__________.

TE AMO COMO A MI____________,
CREADOR DE TODAS LAS COSAS.

VEO LA MARAVILLA DE TU AMOR
CADA VEZ QUE VEO ____________.

TE AMO CON TODO MI CORAZON, CON TODA MI MENTE Y CON TODA MI ALMA.

TE DOY LAS GRACIAS POR SER MI DIOS.

AMEN

Página de ACTIVIDADES

Para el maestro

Amar a Dios significa que a veces hay que tomar decisiones muy difíciles. A continuación presentamos una obra que la clase puede representar. Se trata de una decisión que cuatro apóstoles de Jesús tuvieron que tomar.

JESÚS CERCA DEL MAR

Lucas 5, 1-11

Elenco: Narrador, Simón Pedro, Andrés, Juan, Santiago, Jesús, primera mujer, segunda mujer, la muchedumbre y unos cuantos pescadores en la orilla.

Escenario: Las orillas del lago de Galilea.

Accesorios: Dos redes grandes (una sábana vieja, cortada a la mitad, o los niños pueden pretender que tienen la red en las manos), un mural del mar como fondo y dos cartones grandes pintados de modo que parezcan lanchas.

Narrador: La obra empieza con Simón y Andrés lavando sus redes en el agua. Juan y Santiago están cerca de ellos. A unos pasos se encuentra Jesús, que está diciendo un sermón ante la multitud.

Simón Pedro *(se dirige a Andrés)*: Bueno, Andrés, de plano no fue una buena noche. Nos fue mal en la pesca y me siento cansado. Lavemos las redes para poder irnos a la casa.

Andrés: Dices bien, hermano. *(Santiago y Juan asientan con la cabeza).*

Narrador: Jesús va a la orilla y se sube a la lancha de Simón Pedro. La muchedumbre se preocupa al ver que Jesús se va.

Primera mujer *(hablándole a la segunda mujer)*: ¿Ya se va? Quiero saber más de Dios. Este hombre es muy sensato.

Segunda mujer: No, yo no creo que él se va. El nada más quiere alejarse un poco de la orilla, para que lo podamos ver mejor.

Narrador: Jesús se sentó en la lancha y habló con la muchedumbre. Les habló acerca de su Padre y les explicó cosas que ellos no habían comprendido. Entonces le habló a Simón Pedro.

Jesús: Tiren sus redes al agua profunda, para que pesquen algo.

Simón Pedro: Maestro, hemos estado aquí toda la noche y no hemos pescado nada. Pero si tú lo dices, echaré las redes.

Narrador: Simón Pedro y Andrés echan las redes por un lado de la lancha.

Simón Pedro *(sorprendido)*: Andrés, mira las redes. ¡Están tan llenas de peces que se van a reventar!

Andrés: Las veo, hermano. ¡Y no lo puedo creer!

Narrador: Con mucho esfuerzo, Simón y Andrés suben las redes a la lancha. Luego, Andrés les grita a Juan y a Santiago.

Andrés: ¡Santiago! ¡Juan! Ayúdenos. Esta lancha es demasiado chica para tanto pescado.

Santiago: ¡Juan! ¡Mira cuánto pescado!

Narrador: Santiago arroja su red al mar y cae cerca de la red de Simón Pedro. Entonces él y Juan recogen la red con mucho esfuerzo, pues está llena.

Juan: Nuestras lanchas están llenas. ¿De dónde vino tanto pescado? ¡Es un milagro!

Sión Pedro *(arrodillándose)*: Déjame, Señor. No merezco estar contigo, porque soy pecador.

Jesús *(ayudando a Pedro a ponerse de pie mientras le habla a la multitud)*: No teman, desde ahora serán pescadores de hombres.

Narrador: Jesús se aleja lentamente. Tanto Simón y Andrés como Santiago y Juan dejan sus redes en las lanchas y siguen al Señor. Han escogido seguir a Jesús por el resto de sus vidas.

Para los padres

Los niños son muy bondadosos. Cuando un niño corta una flor para su mamá, su alegría es grande. Un dibujo para la abuela o un abrazo inesperado al papá vienen del fondo del corazón. Esta semana, los niños van a aprender cómo pueden devolverle a Dios parte del amor que él les ha dado. Para aprovechar este carácter natural de los niños, haga una comida o una fiesta para celebrar el amor que le tienen a Dios.

Puede crear un ambiente festivo con globos y serpentinas, pero las decoraciones hechas por los niños pueden ser más efectivas y personales.

Que los niños sorprendan a Dios con un regalo hecho por ellos mismos. Ustedes pueden sugerir algunas ideas (escribir una oración, dibujar un retrato o construir una bandera pequeña), pero la decisión final debe ser hecha por los niños.

Lea más sobre estos temas en el *Catecismo de la Iglesia Católica*:

- Núm. 370, 374 — los atributos de Dios y la amistad
- Núm. 2637, 2639-2643 — sobre la alabanza y la acción de gracias
- Núm. 2633 — la petición
- Núm. 2052-2055 — los diez mandamientos
- Núm. 1524-1525 — la Eucaristía y la vida eterna

P C O I R O Q S U O E P T A U R E A R M E I S + P R E

FIN

Círculo del amor de Dios

Dentro de este círculo, dibuja algunas de las cosas que te hacen recordar el amor que Dios siente por todos. Luego, si lees cada otra letra alrededor del círculo, empezando en la flecha, allí Dios te dirá en sus propias palabras por qué te ama tanto.

__ __ __ __ __ __

__ __   __ __ __ __ __

__ __ __ __ __ __ __ __ __ __

__ __ __ __ __

__ __ .

Página de ACTIVIDADES

Para el maestro

Haga un álbum de recortes que muestre el amor de Dios

Para este proyecto, cada niño necesita:

- Perforadora de papel
- Tijeras
- Pegamento
- Revistas viejas con retratos
- Cuatro o cinco pedazos de papel de color (8 1/2" x 11")
- Lápices de colores
- Estambre de color

Dirija a los niños en los siguientes pasos:

1. Junte los papeles de color y dóblelos a la mitad para hacer un álbum.
2. Haga dos agujeros en el pliegue y amarre el libro con el estambre.
3. En la cubierta del álbum escriba: Mi álbum de regalos de Dios.
4. En las revistas busque retratos que demuestren el amor de Dios.
5. Pegue un regalo diferente en cada página del álbum. Escriba una oración breve de agradecimiento por cada regalo especial que Dios brinda.

Para los padres

Ahora que los niños van a empezar la jornada que les ayudará a comprender la misericordia de Dios, es preciso que ellos entiendan el gran amor que Dios les tiene y las muchas formas en que él nos demuestra ese amor cada día. Ustedes, como padres de familia, pueden demostrarles a sus hijos las señales de amor de Dios.

Un gran proyecto que la familia puede emprender esta semana es un "paseo de fe" por un bosque o un parque. Para prepararse, decoren una caja de zapatos con ilustraciones de una revista. Escriban en la caja en letras de molde: Dios hizo el mundo para mí.

El día que vayan de paseo, los niños deben llevar una bolsa de papel para recoger bellotas, hojas, plumas de pajaritos, piedras pequeñas, pétalos de flores y cosas así. Durante el paseo asegúrense de que los niños se den cuenta de las señales del amor de Dios que hay a su alrededor, pero dejen que ellos mismos descubran algunas de las señales.

Después del paseo, lean acerca de los lirios del campo en el Sermón de la Montaña (leer Lucas 12,27-28) o la historia de la creación en el Libro del Génesis. Los niños pueden guardar sus colecciones en la caja decorada.

Lea más sobre estos temas en el Catecismo de la Iglesia Católica:

- Núm. 295,341 — el misterio de la creación
- Núm. 218-221,733 — Dios es Amor
- Núm. 360,374 — los atributos de Dios y la amistad

ISBN 978-0-7648-0195-2
50000>